COLLECTION

DE

M. LE PRINCE RADZIWILL

TABLEAUX ANCIENS

Me Ch. PILLET, Commissaire-Priseur

M. Ferd. LANEUVILLE, Expert

PARIS. IMPRIMERIE DE PILLET FILS AINÉ
5, RUE DES GRANDS-AUGUSTINS.

CATALOGUE

DES

TABLEAUX

ANCIENS

COMPOSANT

La Collection de M. le Prince RADZIWILL

DONT LA VENTE AUX ENCHÈRES PUBLIQUES AURA LIEU

HOTEL DROUOT, SALLE N° 7

Du 16 au 24 Mai 1865

A DEUX HEURES

Par le ministère de Me **CHARLES PILLET**, Commissaire-Priseur,
rue de Choiseul, 11,

Assisté de M. **Ferdinand LANEUVILLE**, Expert, rue Neuve des Mathurins, 73,

Chez lesquels se distribue le présent Catalogue.

Nota. Les tableaux de cette collection étant arrêtés, en ce moment, à la douane, et ne sachant au juste à quelle époque ils nous parviendront, nous nous empressons, vu l'importance de cette vente, d'en publier le catalogue. Un ordre des vacations fera connaître plus tard les jours d'exposition et de vente.

CONDITIONS DE LA VENTE

Elle sera faite au comptant.

Les acquéreurs payeront, en sus des adjudications, *cinq pour cent*, applicables aux frais.

Paris. Imp. Pillet fils aîné, rue des Grands-Augustins, 5.

AVERTISSEMENT

Les tableaux qui composent cette collection nous étant envoyés de Russie, ont été soumis à de lentes et nombreuses formalités de douane, qui nous faisaient craindre de ne pouvoir en publier le catalogue en temps utile. C'est pourquoi, sans attendre leur arrivée, nous nous sommes bornés à donner la liste qui nous a été fournie par le propriétaire, indiquant seulement le nom des maîtres et à peine le sujet qu'ils ont voulu traiter.

Mais la réputation de cette galerie, le haut rang qu'elle occupe parmi les collections princières de l'Europe, nous font espérer que, malgré la précipitation inévitable avec laquelle nous sommes obligés de la présenter, elle obtiendra le succès qu'elle mérite et que le nom du propriétaire nous garantit d'avance.

DÉSIGNATION
DES TABLEAUX

ÉCOLE ITALIENNE

ALBANI (F.)

Né à Bologne en 1578, mort en 1660.

1 — Vénus sortant du bain.

Toile. Haut. 51 cent.; larg. 4 mètres 20 cent.

2 — Pendant du précédent.

Même mesure.

ALLEGRINI (F.)

Né à Gubbio en 1587, mort en 1663.

3 — Bataille.

Toile. Haut. 2 mètres 52 cent.; larg. 1 mètre 55 cent.

4 — Pendant du prcédent.

Même mesure.

BASSANO (Jacopo da Ponte, dit il)

Né à Bassano en 1510, mort en 1592.

5 — Le Sacrifice de Noé.

Toile. Haut. 1 mètre 45 cent.; larg. 1 mètre 53 cent.

BATTONI (Pompeo)

Né à Lucques en 1708, mort en 1787.

6 — Une Mère et son Enfant.

Toile. Haut. 52 cent; larg. 45 cent.

CAMPIDOGLIO (Michel-Ange del)

Né à Rome vers 1600.

7 — Fruits et Légumes.

Toile. Haut. 1 mètre 20 cent.; larg. 1 mètre 35 cent.

8 — Pendant du précédent.

Même grandeur.

CANALETTI

9 — Vue de Venise.

Toile. Haut. 34 cent.; larg. 57 cent.

10 — Même sujet. Pendant du précédent.

Même mesure.

CANTARINI (Simone da Pesaro, dit le Pesarese)

Né à Oropezza en 1612, mort en 1648.

11 — Vénus et l'Amour.

Cuivre. Haut 12 cent.; larg. 13 cent.

CARACCI (A.)

12 — La Vierge et l'Enfant Jésus.

Bois. Haut. 28 cent.; larg. 21 cent.

CORREGIO (A. Allegri, dit il)

Né à Corregio en 1494, mort en 1534.

13 — La Sainte Vierge tenant sur ses genoux le Christ détaché de la croix.

Bois. Haut. 45 cent.; larg. 32 cent.

DOLCI (Carlo)

Né à Florence en 1616, mort en 1686.

14 — Ecce Homo, entouré d'anges.

Toile. Haut. 2 mètres 50 cent.; larg. 2 mètres 90 cent.

GASPRE POUSSIN (Dughet, dit)

Né à Rome en 1613, mort en 1675.

15 — Intérieur de forêt. Bacchus.

Toile. Haut. 25 cent.; larg. 47 cent.

GASPRE POUSSIN

16 — Paysage, avec nymphes.

Toile. Haut. 2 mètres 40 cent.; larg. 3 mètres 60 cent.

GIORDANO (Luca)

Né à Naples en 1632, mort en 1705.

17 — L'Enlèvement d'Hélène.

Toile. Haut. 2 mètres 63 cent.; larg. 4 mètres 90 cent.

GUERCINO (G. F. Barbieri, dit il)

Né à Ceuto en 1591, mort en 1666.

18 — Tête.

Toile. Haut. 62 cent.; larg. 51 cent.

19 — Portrait d'homme.

Toile. Haut. 1 mètre 30 cent.; larg. 1 mètre 20 cent.

20 — Lucrèce.

Toile. Haut. 1 mètre 25 cent.; larg. 46 cent.

LAMPI (F.)

Né à Romeno en 1752, mort en 1830.

21 — Le Sommeil d'Ariane.

Toile. Haut. 42 cent.; larg. 55 cent.

LAMPI (J.)

22 — Jeune Fille endormie.

Toile. Haut. 1 mètre 27 cent.; larg. 55 cent.

23 — Même sujet. Pendant du précédent.

Même grandeur.

LIGOZZI (J.)

Né à Vérone en 1543, mort en 1627.

24 — Ecce Homo.

Cuivre. Haut. 21 cent.; larg. 18 cent.

LUINI (B.)

Né à Luino vers 1525.

25 — Une Réunion de personnages jouant aux cartes.

Cuivre. haut. 34 cent.; larg. 40 cent.

26 — Tête de femme.

Bois. Haut. 28 cent.; larg. 23 cent.

MARATTI (Carlo)

Né à Camerano en 1625, mort en 1713.

27 — Sainte Famille.

Toile. Haut. 1 mètre 35 cent.; larg. 1 mètre 20 cent.

NOGARI (PARIS)

Né à Rome, XVIIe siècle.

28 — La Marchande de pigeons.

Toile. Haut. 1 mètre 30 cent.; larg. 52 cent.

29 — Le Marchand de poissons.

Toile. Haut. 1 mètre 30 cent.; larg. 52 cent.

RAPHAEL DA COLLE, élève de Jules Romain.

30 — Sainte Famille.

Rond. Bois. Haut. 1 mètre 45 cent.

RAPHAEL. Copie ancienne.

31 — Sainte Famille.

Bois. Haut. 45 cent.; larg. 35 cent.

32 — Amour maternel.

Bois. Haut. 1 mètre 47 cent.; larg. 58 cent.

RAPHAEL. École de.

33 — Mariage de sainte Catherine.

Bois. Haut. 57 cent.; larg. 40 cent.

34 — Mort d'Adonis.

Bois. Haut. 27 cent.; larg. 45 cent.

RANNUCCI

35 — Paysage.

Toile. Haut. 1 mètre 22 cent.; larg. 1 mètre 45 cent.

36 — Paysage.

Toile. Haut. 1 mètre 57 cent.; larg. 1 mètre 55 cent.

RICCI (Sebastiano)

Né à Cividal en 1662, mort en 1734.

37 — Les Noces de Cana.

Toile. Haut. 1 mètre 40 cent.; larg. 1 mètre 25 cent.

ROMANELLI (J. F.)

Né à Viterbe en 1610, mort en 1662.

38 — Paysage et Animaux.

Toile. Haut. 1 mètre 25 cent.; larg. 1 mètre 33 cent.

39 — Pendant du précédent.

Même mesure.

ROTTARI. Le comte.

40 — Portrait de femme.

Cuivre. Haut. 20 cent.; larg. 18 cent.

41 — Portrait d'une jeune fille.

Toile. Haut. 46 cent.; larg. 34 cent.

ROTTARI. Le comte.

42 — Pendant du précédent.

Même mesure.

43 — Portrait de femme.

Toile. Haut. 42 cent.; larg. 34 cent.

SALVATOR ROSA

Né à la Renella en 1615, mort en 1673.

44 — Le Massacre des innocents.

Toile. Haut. 1 mètre 70 cent.; larg. 2 mètres 42 cent.

45 — Saint Pierre. Buste.

Toile. Haut. 34 cent.; larg. 26 cent.

SARTE (André del), Vanucchi, dit

Né à Florence en 1488, mort en 1530.

46 — Ronde d'Amours.

Toile. Haut. 43 cent.; larg. 62 cent.

SOLIMENE

47 — Copie du Corrège.

Toile. Haut. 35 cent.; larg. 22 cent.

TINTORETTO (J. ROBUSTI, dit IL)

48 — Saint Paul et saint Antoine dans le désert.

Ce tableau provient de la collection du prince Henri de Prusse.

Bois. Haut. 1 mètre 67 cent.; larg. 1 mètre 40 cent.

TIZIANO (VECELLIO)

Né à Pieve en 1477, mort en 1576.

49 — Paysage, avec figures.

Toile. Haut. 55 cent.; larg. 1 mètre 30 cent.

50 — Paysage, avec figures.

Toile. Haut. 1 mètre 55 cent.; larg. 1 mètre 42 cent.

VÉRONÈSE (P.). École de.

51 — Sainte Famille.

Toile. Haut. 2 mètres 63 cent.; larg. 3 mètres 78 cent.

ZAMPIÉRI (DOMENICO), dit IL DOMENICCHINO

Né en 1581, mort à Naples en 1641.

52 — Nymphes jouant à colin-maillard.

Cuivre. Haut. 33 cent.; larg. 40 cent.

ÉCOLE ITALIENNE

53 — Sujet mythologique, dans un paysage.

Toile. Haut. 1 mètre 40 cent.; larg. 1 mètre 82

54 — Paysage.

Bois. Forme ronde. 20 cent.

55 — Pendant du précédent.

Même forme. Même mesure.

56 — Bacchanale.

Ovale. Toile. Haut. 1 mètre 55 cent.; larg. 1 mètre 71 cent.

ECOLES

FLAMANDE & ALLEMANDE

ABSHOVEN (T.). XVIIe siècle.

57 — Laboratoire d'un chimiste.

Bois. Haut. 42 cent.; larg. 27 cent.

ANGERMEJER (J. A.)

58 — Bouquet de fleurs.

Cuivre. Haut. 31 cent.; larg. 19 cent.

59 — Pendant du précédent.

Même mesure.

ANTNA

60 — Paysage.

Bois. Haut. 40 cent.; larg. 52 cent.

ASPER (JEAN)

Né à Zurich en 1499, mort en 1571.

61 — Portrait d'homme.

Toile. Haut. 1 mètre 65 cent; larg. 1 mètre 43 cent.

BACKUYSEN (Ludolf)

Né à Emden en 1631, mort en 1709.

62 — Marine.

Bois. Haut. 42 cent.; larg. 20 cent.

BEGA (C.)

Né à Harlem en 1620, mort en 1664.

63 — Un Camp.

Toile. Haut. 57 cent.; larg. 1 mètre 33 cent.

64 — Même sujet.

Même mesure.

BERGHEM (Nicolas)

Né à Harlem en 1624, mort en 1683.

65 — Bœuf au pâturage dans une prairie.

Toile. Haut. 26 cent.; larg. 35 cent.

BEZOKEJ. D'après Rubens.

66 — Copie du tableau de la Décollation de saint Jean.

Bois. Haut. 37 cent.; larg. 55 cent.

67 — Pendant du précédent.

Même grandeur.

BLOEMEN (J. F. van), dit Orisonte

Né à Anvers en 1656, mort en 1748.

68 — Paysage et Animaux.

Toile. Haut. 43 cent.; larg. 34 cent.

69 — Pendant du précédent.

Même mesure.

BOLL (Ferd.)

Né à Dordrecht vers 1610, mort en 1681.

70 — Portrait d'homme.

Toile. Haut. 1 mètre 32 cent.; larg. 1 mètre 25 cent.

71 — Deux Personnages en costume oriental.

Cuivre. Haut. 10 cent.; larg. 07 cent.

BOTH (J.)

Né à Utrecht en 1610, mort en 1650.

72 — Nativité.

Bois. Haut. 1 mètre 35 cent.; larg. 1 mètre 60 cent.

BRACKENBURG (Richard)

Né à Harlem en 1649, mort en 1702.

73 — Intérieur d'estaminet.

Toile. Haut. 47 cent.; larg. 37 cent.

BRACKENBURG

74 — Pendant du précédent.

Même mesure.

BRANDT

Né à Francfort-sur-l'Oder en 1693, mort en 1756.

75 — Paysage.

Toile. Haut. 1 mètre 25 cent.; larg. 1 mètre 25 cent.

76 — Même sujet.

Même grandeur.

77 — Paysage.

Toile. Haut. 53 cent.; larg. 1 mètre 37 cent.

BRECKLIMKAMP (Quérin van)

Vivait en 1660 et 1668.

78 — Un Homme assis sur une chaise et mettant ses bottes.

Toile. Haut. 1 mètre 27 cent.; larg. 48 cent.

BREUGHEL (P.)

Né à Breughel en 1510, mort vers 1600.

79 — Cinq Paysages dans un même cadre.

Cuivre. Haut. 20 cent.; larg. 42 cent.

BREUGHEL (J.)

80 — Paysage.

Bois. Haut. 52 cent.; larg. 1 mètre 42 cent.

81 — Pendant du précédent.

Même mesure.

82 — Le Printemps.

83 — L'Été.

Bois. Haut. 42 cent.; larg. 1 mètre 20 cent.

84 — L'Automne.

85 — L'Hiver.

Bois. Haut. 42 cent.; larg. 1 mètre 20 cent.

86 — Paysage.

Toile. Haut. 35 cent.; larg. 50 cent.

87 — Village.

Cuivre. Haut. 43 cent.; larg. 57 cent.

88 — Kermesse.

Toile. Haut. 32 cent.; larg. 40 cent.

89 — Pendant du précédent.

Même mesure.

BREYDEL (Ch.)

Né à Anvers en 1677, mort en 1744.

90 — Paysage.

Bois. Haut. 27 cent.; larg. 36 cent.

BREYDEL

91 — Devant une auberge, deux cavaliers se sont arrêtés, l'un est monté sur son cheval, l'autre tient le sien par la bride. Toile. Haut. 41 cent.; larg. 36 cent.

92 — Un Homme faisant désaltérer ses chevaux à une rivière. Pendant du précédent. Même mesure.

93 — Chevaux au manége. Toile. Haut. 28 cent.; larg. 36 cent.

BRUGER (J. C.)

94 — Fruits et Fleurs. Bois. Haut. 35 cent.; larg. 27 cent.

BRUNNER (Léopold)

95 — Bouquet de fleurs.
Toile. Haut. 2 mètres 81 cent.; larg. 1 mètre 60 cent.

CRAESBEKE (J.)

Né à Bruxelles en 1608, mort en 1661.

96 — Groupe de divers personnages devant une auberge.
Bois. Haut. 22 cent.; larg. 27 cent.

MONOGRAMME (C. P.)

97 — Nature morte.

Bois. Haut. 47 cent.; larg. 25 cent.

COYPEL (A.). Attribué à.

Né à Paris en 1661, mort en 1722.

98 — Allégorie.

Toile. Haut. 48 cent.; larg. 1 mètre 27 cent.

DENNER (Balthazar)

Né à Hambourg en 1685, mort en 1747.

99 — Portrait d'homme.

Bois. Haut. 1 mètre 37 cent.; larg. 50 cent.

DIETRICH (J. G.)

Né à Weissensee en 1684, mort en 1752.

100 — Paysage.

Bois. Haut. 18 cent; larg. 22 cent.

101 — Même sujet.

Bois. Haut. 20 cent; larg. 25 cent.

102 — Même sujet. Pendant du précédent.

Même mesure.

DIETRICH

103 — Paysage.

Toile. Haut. 30 cent.; larg. 47 cent.

104 — Même sujet. Pendant du précédent.

Même mesure.

105 — Paysage.

Toile. Haut. 27 cent.; larg. 35 cent.

106 — Pendant du précédent.

Même mesure.

107 — Paysage.

Bois. Haut. 17 cent.; larg. 22 cent.

108 — Paysage.

Toile. Haut. 1 mètre 25 cent.; larg. 1 mètre 40 cent.

109 — Vénus et l'Amour.

Bois. Haut. 32 cent.; larg. 40 cent.

110 — Paysage.

Toile. Haut. 34 cent.; larg. 43 cent.

111 — Un Ange annonçant aux bergers la naissance de l'Enfant divin.

Toile. Haut. 56 cent.; larg. 45 cent.

DIETRICH. Attribué à.

112 — Paysage et Troupeau.

Toile. Haut. 34 cent.; larg. 45 cent.

DOER (J. VAN DER)

Né vers le XVIIe siècle.

113 — Une Femme endormie sur une chaise.

Bois. Haut. 37 cent.; larg. 32 cent.

DROOGSLOOT (J. C.)

Né à Dordrecht en 1624, mort en...

114 — Vue d'une Église et d'un Village.

Bois. Haut. 47 cent.; larg. 57 cent.

DUJARDIN (KAREL). D'après.

Né à Amsterdam en 1635, mort en 1678.

115 — Paysage.

Toile. Haut. 1 mètre 39 cent.; larg. 1 mètre 64 cent.

DYCK (VAN)

Né à Anvers en 1599, mort en 1641.

116 — Portrait d'homme.

Bois. Haut. 50 cent.; larg. 35 cent.

DYCK (VAN). École de.

117 — Portrait d'un jeune homme, la tête couverte d'une toque.

Bois. Haut. 43 cent.; larg. 27 cent.

EVERDINGEN (A.).

Né à Alkmar en 1621, mort en 1675.

118 — Paysage.

Toile. Haut. 1 mètre 47 cent.; larg. 1 mètre 30 cent.

FLINCK (Govert)

Né à Cleves en 1615, mort en 1660.

119 — Portrait de femme.

Bois. Haut. 1 mètre 40 cent.; larg. 1 mètre 27 cent.

FLUBURG

120 — Chevaux au manége.

Toile. Haut. 1 mètre 25 cent.; larg. 1 mètre 42 cent.

FRANCK (D.)

Né à Anvers vers 1601, mort en...

121 — Triomphe de Bacchus, porté par des Amours.

Cuivre. Haut. 25 cent.; larg. 34 cent.

122 — Triomphe de Bacchus.

Bois. Haut. 1 mètre 27 cent.; larg. 45 cent.

123 — Mars et Vénus.

Bois. Haut. 19 cent.; larg. 13 cent.

FRANK

124 — Danse d'Amours.

Cuivre. Haut. 34 cent.; larg. 27 cent.

FRANK (Ambroise). xviie siècle.

125 — Noé faisant entrer les animaux dans l'arche.

Bois. Haut. 57 cent.; larg. 1 mètre 40 cent.

126 — Portrait de femme.

Bois. Haut. 27 cent.; larg. 20 cent.

127 — Portrait d'homme. Pendant du précédent.

Même mesure.

128 — Ecce Homo.

Cuivre. Haut. 38 cent.; larg. 27 cent.

FRIES (J. C.)

Né dans le canton de Zurich en 1623, mort en 1693.

129 — Paysage.

Toile. Haut. 1 mètre 50 cent.; larg. 1 mètre 65 cent.

FYT (J.)

Né à Anvers en 1625, mort en...

130 — Gibier.

Toile. Haut. 2 mètres 75 cent.; larg. 2 mètres 83 cent

131 — Pendant du précédent.

Même mesure.

GENOELS (Abraham)

Né à Anvers en 1640, mort en 1682.

132 — Paysage.

Bois. Haut. 1 mètre 26 cent.; larg. 55 cen.

GOYEN (J. (van)

Né à Leyde vers 1660, mort en...

133 — Marine.

Bois. Haut. 45 cent.; larg. 35 cent.

GRYF (A.)

Né à Anvers au xviie siècle.

134 — Sujet de chasse.

Toile. Haut. 48 cent.; larg. 1 mètre 20 cent.

135 — Même sujet.

Même grandeur.

136 — Gibier.

Toile. Haut. 42 cent.; larg. 55 cent.

137 — Gibier dans un paysage.

Même mesure.

HALS (Franck)

Né à Malines en 1584, mort en 1666.

138 — Portrait d'homme.

Toile. Haut. 1 mètre 31 cent.; larg. 62 cent.

HATINOSEUR

139 — Paysage et Animaux.

Toile. Haut. 1 mètre 25 cent.; larg. 1 mètre 45 cent.

140 — Même sujet. Pendant du précédent.

Même mesure.

HEEM (C. de). XVIIe siècle.

141 — Bouquet de fleurs.

Toile. Haut. 1 mètre 22 cent.; larg. 51 cent.

142 — Bouquet de fleurs.

Toile. Haut. 1 mètre 22 cent.; larg. 52 cent.

143 — Bouquet de fleurs.

Bois. Haut. 1 mètre 25 cent.; larg. 1 mètre 42 cent.

HEEM (C. de). Attribué à.

144 — Bouquet de fleurs.

Toile. Haut. 53 cent.; larg. 42 cent.

HEEM (David de)

Né à Utrecht en 1600, mort en 1674.

145 — Nature morte.

Toile. Haut. 2 mètres 42 cent.; larg. 2 mètres 95 cent.

HEEM (David de)

146 — Fruits.

Toile. Haut. 38 cent.; larg. 52 cent.

147 — Même sujet.

Toile. Haut. 50 cent.; larg. 26 cent.

HELST (B. van der)

Né à Harlem en 1613, mort en 1670.

148 — Portrait d'homme.

Toile. Haut. 1 mètre 40 cent.; larg. 1 mètre 27 cent.

149 — Portrait d'homme.

Toile. Haut. 57 cent.; larg. 1 mètre 42 cent.

HOET (Gérard)

Né à Bommel en 1648, mort en 1733.

150 — Des hommes jouant aux cartes devant la porte d'une auberge.

Bois. Haut. 25 cent.; larg. 32 cent.

HOFFMANN (Samuel)

Né à Zurich en 1591, mort en 1649.

151 — Sujet mythologique.

Cuivre. Haut. 47 cent.; larg. 30 cent.

HOLBEIN (Hans)

Né à Augsbourg en 1498, mort en 1514.

152 — Portrait d'homme.
Bois. Haut. 53 cent.; larg. 40 cent.

153 — Portrait de femme. Pendant du précédent.
Même mesure.

HOLBEIN

154 — Portrait d'homme.
Bois. Haut. 18 cent.; larg. 12 cent.

155 — Portrait d'homme.
Bois. Haut. 36 cent.; larg. 23 cent.

HONDEKOETER (Melchior)

Né à Utrecht en 1636, mort en 1695.

156 — Poules.
Toile. Haut. 2 mètres 47 cent.; larg. 2 mètres 73 cent.

157 — Poules.
Toile. Haut. 2 mètres 47 cent.; larg. 2 mètres 72 cent.

HONTKORST (Gérard)

Né à Utrecht vers 1662.

158 — Groupe de musiciens.
Toile. Haut. 1 mètre 62 cent.; larg. 2 mètres 67 cent.

HUCHOAN (B.)

159 — L'Usurier.

Toile. Haut. 2 mètres 2 cent.; larg. 1 mètre 70 cent.

HUGTENBURCH (J. VAN)

Né à Harlem en 1646, mort en 1733.

160 — Bataille.

Toile. Haut. 1 mètre 34 cent.; larg. 2 mètres 7 cent.

HUYSUM (J. VAN)

Né à Amsterdam en 1682, mort en 1749.

161 — Bouquet de fleurs.

Bois. Haut. 1 mètre 37 cent.; larg. 55 cent.

JANSON (J.)

Né à Amboine en 1729, mort en 1784.

162 — Vue d'une ville.

JORDAENS (J.)

Né à Anvers en 1593, mort en 1678.

163 — Sujet mythologique.

Toile. Haut. 1 mètre 68 cent.; larg. 2 mètres 53 cent.

JORDAENS (J.)

164 — Silène.

Toile. Haut. 47 cent.; larg. 37 cent.

KESSEL (Jean van)

Né à Anvers en 1626, mort en 1679.

165 — Paysage.

Toile. Haut. 55 cent.; larg. 1 mètre 67 cent.

KLENGEL (J. C.)

Né à Kesseldorf en 1751, mort en 1824.

166 — Paysage. Figures et Animaux.

Toile. Haut. 1 mètre 54 cent.; larg. 2 mètres 66 cent.

KLOMP (A.)

Né vers 1632.

167 — Bestiaux au pâturage à la lisière d'une forêt.

Toile. Haut. 48 cent.; larg. 1 mètre 20 cent.

168 — Pendant du précédent.

Même grandeur.

LAAR (P. van)

Né à Laren en 1613, mort en 1674.

169 — Paysage.

Bois. Haut. 48 cent.; larg. 1 mètre 25 cent.

LALLEMAND (George)

Né à Osnabruck. XVIIe siècle.

170 — Temple de Neptune.

Toile. Haut. 1 mètre 40 cent; larg. 57 cent.

171 — Temple à l'honneur de Marc-Aurèle.

Toile. Haut. 40 cent.; larg. 30 cent.

LELY (Peter)

172 — Portraits d'une jeune fille et d'un jeune garçon entourés de fleurs et de fruits.

Dans un même cadre.

Toile. Haut. 1 mètre 50 cent.; larg. 1 mètre 32 cent.

LEMAY (O.)

Né à Valenciennes en 1734, mort en 1797.

173 — Paysage.

Toile. Haut. 57 cent.; larg. 1 mètre 38 cent.

LANDOMIO

Élève de Berghem.

174 — Paysage.

Toile. Haut. 1 mètre 32 cent.; larg. 1 mètre 28 cent.

LIEZEL (G. F.)

175 — Bouquet de fleurs.

Bois. Haut. 1 mètre 25 cent.; larg. 47 cent.

176 — Pendant du précédent.

Même grandeur.

177 — Bouquet de fleurs.

Bois. Haut. 1 mètre 28 cent ; larg. 1 mètre 20 cent.

MAAS (Dirck)

Né à Harlem en 1656, mort en 1715.

178 — Bataille de cavalerie.

Toile. Haut. 1 mètre 25 cent.; larg. 1 mètre 33 cent.

179 — Bataille.

Toile. Haut. 42 cent.; larg. 35 cent.

180 — Bataille.

Toile. Haut. 35 cent.; larg. 53 cent.

MARTINOW

181 — Paysage.

Toile. Haut. 1 mètre 27 cent.; larg. 1 mètre 50 cent.

MATTHES (Miss)

182 — Gibier et Fruits.

Toile. Haut. 1 mètre 33 cent.; larg. 1 mètre 55 cent.

MATTON (B.). XVIIe siècle.

183 — Un Homme déballant une caisse.

Bois. Haut. 27 cent.; larg. 40 cent.

METTENLEITER (J.)

Né à Groskuchen en 1750, mort en 1825.

184 — Intérieur d'appartement, avec figures.

Cuivre. Haut. 40 cent.; larg. 25 cent.

185 — Pendant du précédent.

Même grandeur.

METZU (Gabriel)

Né à Leyde en 1615, mort en 1658.

186 — Intérieur de cour.

Toile. Haut. 1 mètre 65 cent ; larg. 1 mètre 45 cent.

MEULEN (van der François)

Né à Bruxelles en 1634, mort en 1690.

187 — Bataille sous Louis XIV.

Toile. Haut. 1 mètre 22 cent.; larg. 1 mètre 40 cent.

MOLENAER (Corneille)

Né à Anvers en 1540, mort en...

188 — Intérieur d'auberge.

Bois. Haut. 57 cent.; larg. 1 mètre 37 cent.

MORGENSTERN

Né à Rudelstadt en 1738, mort en...

189 — Intérieur d'église.

Cuivre. Haut. 25 cent.; larg. 20 cent.

190 — Même sujet.

Bois. Même grandeur.

NEER (van der Eglon)

Né à Amsterdam en 1643, mort en 1703.

191 — Société hollandaise. On fait de la musique et on danse.

Cuivre. Haut. 22 cent.; larg. 35 cent.

NEER (van der Arthur)

Né à Amsterdam en 1619, mort en 1683.

192 — Paysage.

Bois. Haut. 20 cent.; larg. 37 cent.

193 — Incendie d'une ville au bord d'une rivière.

Bois. Haut. 27 cent.; larg. 37 cent.

OMMEGANCK (B.)

Né à Anvers en 1755, mort en 1826.

194 — Moutons au pâturage.

Bois. Haut. 22 cent.; larg. 42 cent.

195 — Même sujet. Pendant du précédent.

Même grandeur.

ORIENT (J.)

Né à Buebach en 1677, mort en 1747.

196 — Paysage.

Bois. Haut. 21 cent.; larg. 22 cent.

197 — Pendant du précédent.

OSTADE (Adrien van)

Né à Lubeck en 1610, mort en 1685.

198 — Un Paysan appuyé sur une table.

Bois. Haut. 20 cent.; larg. 17 cent.

199 — Une Vieille Femme assise près d'une table.

Bois. Haut. 23 cent.; larg. 18 cent.

OSTADE (Isaac van)

200 — Intérieur.

Bois. Haut. 34 cent.; larg. 46 cent.

PALAMÈDE

201 — Un Bal.

Bois. Haut. 38 cent.; larg. 52 cent.

202 — Pendant du précédent.

Même grandeur.

PALAMÈDE

203 — Bataille.

Bois. Haut. 62 cent.; larg. 1 mètre 35 cent.

204 — Intérieur, avec figures.

Bois. Haut. 58 cent.; larg. 1 mètre 42 cent.

PILLEMANN

205 — Paysage et Animaux.

Toile. Haut. 1 mètre 27 cent.; larg. 1 mètre 55 cent.

206 — Paysage. Pendant du précédent.

Même mesure.

PINK

207 — Chasse.

Toile. Haut. 1 mètre 84 cent.; larg. 1 mètre 57 cent.

PLIEGEL

208 — Portrait de femme.

Bois. Haut. 20 cent.; larg. 17 cent.

209 — Portrait d'homme.

Même grandeur.

POELEMBURG (K.)

Né à Utrecht en 1586, n'était pas mort en 1666.

210 — Femme se sauvant devant un homme qui court après elle.

Cuivre. Haut. 31 cent.; larg. 37 cent.

211 — Sujet mythologique.

Cuivre. Haut. 31 cent.; larg. 37 cent.

212 — Paysage, avec sujet mythologique.

Bois. Haut. 27 cent.; larg. 40 cent.

213 — Paysage.

Bois. Haut. 15 cent.; larg. 22 cent.

POELEMBURG. École.

214 — Sujet mythologique.

PORBUS (Pierre)

Né à Gouda en 1510, mort en 1583.

215 — Portrait d'homme.

Bois. Haut. 47 cent.; larg. 37 cent.

QUERFURT (Aug.)

Né à Vienne en 1696, mort en 1761.

216 — Combat de cavalerie.

Bois. Haut. 15 cent.; larg. 20 cent.

217 — Pendant du précédent.

Même grandeur.

QUILLYN (Erasme)

Né à Anvers en 1607, mort en 1678.

218 — Rencontre de Rebecca et de Jacob.

Cuivre. Haut. 57 cent.; larg. 1 mètre 32 cent.

219 — Jacob et Rebecca.

Toile. Haut. 3 mètres 65 cent.; larg. 4 mètres 87 cent.

REMBRANDT (Paul van Ryn)

Né près de Leyde en 1664 ou 1674.

220 — Mise au tombeau.

Toile. Haut. 2 mètres 57 cent.; larg. 2 mètres 45 cent.

221 — Une Femme prenant un bain de pieds.

Bois. Haut. 1 mètre 30 cent.; larg. 52 cent.

222 — Portrait d'un vieillard.

Bois. Haut. 27 cent.; larg. 20 cent.

REYNOLD

223 — Paysage.

Bois. Haut. 41 cent.; larg. 55 cent.

RIETER (H.)

Né à Winterthur en 1751, mort en 1818.

224 — Paysage.

Toile. Haut. 1 mètre 37 cent.; larg. 1 mètre 57 cent.

ROMYN (G. van). xviie siècle.

225 — Paysage.

Bois. Haut. 31 cent.; larg. 36 cent.

ROOS (Philipp Peter), dit Rosa de Tivoli

Né à Francfort-sur-le-Mein en 1655, mort en 1705.

226 — Deux Vaches au pâturage.

Toile. Haut. 32 cent.; larg. 37 cent.

ROOS (J. H.)

Né à Otterburg en 1631, mort en...

227 — Animaux.

Toile. Haut. 1 mètre 63 cent.; larg. 2 mètres 60 cent.

228 — Pendant du précédent.

Même mesure.

ROTTENHAMMER (J.)

Né à Munich en 1564, mort en 1604.

229 — Pastorale.

Bois. Haut. 35 cent.; larg. 26 cent.

230 — Adonis dans les bras de Vénus.

Bois. Haut. 34 cent.; larg. 24 cent.

RUBENS (P. P.)

Né à Siegen en 1577, mort en 1640.

231 — Diane et Actéon.

Bois. Haut. 47 cent.; larg. 40 cent.

232 — Le Jardin d'amour.

Cuivre. Haut. 1 mètre 28 cent.; larg. 1 mètre 45 cent.

RUBENS. École.

233 — Philémon et Baucis.

Bois. Haut. 47 cent.; larg. 1 mètre 25 cent.

234 — Bacchus et Amours.

Toile. Haut. 1 mètre 62 cent.; larg. 2 mètres 62 cent.

RUTER (J.)

235 — Paysage.

Toile. Haut. 1 mètre 37 cent.; larg. 1 mètre 57 cent.

RYSBREGTS

Né à Anvers, XVIIe siècle.

236 — Paysage, avec ruines.

Toile. Haut. 35 cent.; larg. 39 cent.

SAVERY (Roland)

Né à Courtray en 1576, mort en 1639.

237 — Troupeau à l'étable.

Rond. Bois. Haut. 15 cent.

SAVERY (J.)

238 — Un Ermite.

Cuivre. Haut. 20 cent.; larg. 28 cent.

239 — Même sujet.

Même mesure.

SEEMAN (R.)

240 — Marine.

Toile. Haut. 47 cent.; larg. 57 cent.

SNEYDERS (F.)

Né à Anvers en 1579, mort en 1657.

241 — La Marchande de poisson.

Toile. Haut. 2 mètres 58 cent.; larg. 4 mètres.

242 — Gibier et Fruits.

Toile. Haut. 1 mètre 31 cent.; larg. 1 mètre 30 cent.

SNEYDERS (F.)

243 — Poisson sur une table.

Toile. Haut. 1 mètre 65 cent.; larg. 2 mètres 53 cent.

STRUDEL (J.)

Né en Allemagne. xviie siècle.

244 — Vénus, l'Amour et des Satyres.

Toile. Haut. 1 mètre 17 cent.; larg. 4 mètres 17 cent.

STURVIN (Ernest)

245 — Bouquet de fleurs.

Toile. Haut. 50 cent.; larg. 41 cent.

246 — Pendant du précédent.

Même mesure.

SWANEVELT, dit Herman d'Italie

Né à Woorden en 1620, mort en 1690.

247 — Paysage.

Toile. Haut. 1 mètre 33 cent.; larg. 1 mètre 58 cent.

248 — Paysage.

Toile. Haut. 35 cent.; larg. 43 cent.

249 — Chasse.

Toile. Haut. 41 cent.; larg. 57 cent.

TEMPEL (A. N. de)

Né à Leyde en 1619, mort en 1672.

250 — Portraits de l'amiral Rutter et de sa femme.

Toile. Haut. 2 mètres 65 cent.; larg. 3 mètres 62 cent.

TENIERS (David)

Né à Anvers en 1610, mort en 1694.

251 — Tentation de saint Antoine.

Toile. Haut. 1 mètre 61 cent.; larg. 2 mètres 58 cent.

252 — Intérieur d'estaminet.

Toile. Haut. 20 cent.; larg. 32 cent.

253 — Intérieur rustique.

Au premier plan, une femme dormant sur sa chaise.

Bois. Haut. 47 cent.; larg. 1 mètre 22 cent.

254 — Un Paysan faisant panser sa jambe.

Toile. Haut. 1 mètre 27 cent.; larg. 1 mètre 45 cent.

255 — Animaux à la prairie.

Toile. Haut. 47 cent.; larg. 1 mètre 25 cent.

TERBURG (G.)

Né à Zwal en 1608, mort en 1681.

256 — Une Société à table devant une habitation.

Bois. Haut. 37 cent.; larg. 42 cent.

THIELE (Alexandre)

Né à Erfurth en 1685, mort en 1752.

257 — Paysage.

Toile. Haut. 1 mètre 40 cent.; larg. 1 mètre 70 cent

258 — Pendant du précédent.

Même mesure.

TONCI

259 — Une Jeune Fille jouant avec un oiseau.

Toile. Haut. 1 mètre 30 cent.; larg. 55 cent.

260 — Jeune Fille jouant avec un oiseau.

Toile. Haut. 1 mètre 3 cent.; larg. 56 cent.

VELDE (Adrien van den)

261 — Troupeau traversant un cours d'eau.

Toile. Haut. 1 mètre 37 cent.; larg. 57 cent.

VERKOLIÉ

Né à Amsterdam en 1650, mort en 1693.

262 — Europe et ses compagnes.

Bois. Haut. 1 mètre 20 cent.; larg. 1 mètre 33 cent.

VERSCHURING (H.)

Né à Gorcum en 1627, mort en 1690.

263 — Une Dame à cheval; plus loin un Château.

Bois. Haut. 52 cent.; larg. 1 mètre 27 cent

264 — Entrée d'un château; des cavaliers et des piétons se disposent à y entrer.

Bois. Haut. 1 mètre 30 cent.; larg. 52 cent.

VILLINGEN (Pierre van)

265 — Tête de Vierge entourée d'une guirlande de fruits.

Toile. Haut. 2 mètres 60 cent.; larg. 1 mètre 50 cent.

VINEEN

Né à Amsterdam en 1661, mort en...

266 — Port de mer.

Toile. Haut. 2 mètres 45 cent.; larg. 3 mètres 67 cent.

VOIS (Arie de)

Né à Leyde en 1641, mort en ..

267 — Paysage.

Bois. Haut. 49 cent.; larg. 52 cent.

VOUTERS (F.)

Né à Lierre en 1614, mort en 1659.

268 — Paysage et animaux.

Cuivre. Haut. 27 cent.; larg. 37 cent.

269 — Pendant du précédent.

Même grandeur.

VRIENDT (F.), dit Franck Floris

Né à Anvers en 1520, mort en 1570.

270 — Paysage.

Bois. Haut. 55 cent.; larg. 1 mètre 30 cent.

VRIENDT

271 — Foire de village.

Toile. Haut. 25 cent.; larg. 32 cent.

272 — Pendant du précédent.

Même mesure.

273 — Vue d'une ville.

Toile. Haut. 28 cent.; larg. 41 cent

WERFF (Adrien van der)

Né à Krulinger en 1659, mort en 1722.

274 — Le Repos de Diane.

Bois. Haut. 20 cent.; larg. 25 cent.

275 — Diane et Vénus.

Cuivre. Haut. 42 cent.; larg. 35 cent.

WINCK (Jean-Amand)

Né à Lanfer-sur-le-Necker en 1752, mort en 1820

276 — Bouquet de fleurs.

Cuivre. Haut. 28 cent.; larg. 17 cent.

277 — Fruits.

Même grandeur.

WOUWERMANS (Phil.)

Né à Harlem en 1620, mort en 1668.

278 — Fête de village.

Toile. Haut. 1 mètre 25 cent.; larg. 1 mètre 35 cent.

WOUWERMANS (Pierre)

Né en , mort en 1668.

279 — Cavalier sur un cheval blanc.

Toile. Haut. 25 cent.; larg. 22 cent.

WOUWERMANS (Jean)

Né à Harlem en , mort en 1666.

280 — Un Homme tenant un cheval blanc.

Bois. Haut. 32 cent.; larg. 25 cent.

281 — Trois Chevaux sellés gardés par un soldat.

Bois. Haut. 32 cent.; larg. 25 cent.

ÉCOLES FLAMANDE ET HOLLANDAISE

282 — Un Commandant d'armée et sa suite.

Cuivre. Haut. 17 cent.; larg. 25 cent.

283 — Bataille.

Cuivre. Haut. 17 cent.; larg. 25 cent.

284 — Paysage.

Ovale. Bois. Haut. 40 cent.; larg. 53 cent.

285 — Pendant du précédent.

Même mesure.

ÉCOLES FLAMANDE ET HOLLANDAISE

286 — Attaque de brigands.

Toile. Haut. 42 cent.; larg. 53 cent.

287 — Portrait d'homme.

Toile. Haut. 1 mètre 40 cent.; larg. 1 mètre 27 cent.

288 — Gibier.

Toile. Haut. 1 mètre 57 cent.; larg. 2 mètres 40 cent.

289 — Nature morte.

Bois. Haut. 34 cent.; larg. 57 cent.

290 — Paysage.

Toile. Haut. 1 mètre 37 cent.; larg. 1 mètre 54 cent.

291 — Un Homme à cheval.

Bois. Haut. 32 cent.; larg. 26 cent.

292 — Bataille.

Cuivre. Haut. 32 cent.; larg. 47 cent.

293 — Pendant du précédent.

Même mesure.

294 — Nature morte.

Bois. Haut. 1 mètre 25 cent.; larg. 32 cent.

295 — Intérieur d'Église.

Bois. Haut. 1 mètre 20 cent.; larg. 33 cent.

296 — Villageois devant sa chaumière.

Toile. Haut. 25 cent.; larg. 50 cent.

ÉCOLES FLAMANDE ET HOLLANDAISE

297 — Paysans dans un village.

Toile. Haut. 25 cent.; larg. 52 cent.

298 — Une Mère et ses Enfants.

Bois. Haut. 33 cent.; larg. 32 cent.

299 — Paysage.

Bois. Haut. 22 cent.; larg. 32 cent.

300 — Même sujet. Pendant du précédent.

301 — Portrait d'homme.

Bois. Haut. 1 mètre 77 cent.; larg. 1 mètre 42 cent.

302 — Portrait d'homme.

303 — Portrait d'une Hollandaise,

Ovale. Bois. Haut. 17 cent.; larg. 12 cent.

ÉCOLE ALLEMANDE

304 — La Sainte Vierge et l'Enfant Jésus.

Bois. Haut. 25 cent.; larg. 27 cent.

305 — Sujet mythologique.

Toile. Haut. 30 cent.; larg. 40 cent.

ÉCOLE ALLEMANDE

306 — Paysage.

Toile. Haut. 30 cent.; larg. 42 cent.

307 — Kermesse.

Cuivre. Haut. 25 cent.; larg. 30 cent.

308 — Paysage.

Bois. Haut. 37 cent.; larg. 50 cent.

309 — Portrait de femme.

Bois. Haut. 1 mètre 20 cent.; larg. 40 cent.

310 — Naufrage.

Toile. Haut. 1 mètre 52 cent.; larg. 2 mètres 65 cent.

311 — Jésus couronné d'épines.

Bois. Haut. 32 cent.; larg. 25 cent.

312 — Portrait d'homme vêtu de noir.

Cuivre. Haut. 32 cent.; larg. 21 cent.

313 — Portrait d'homme.

Cuivre. Haut. 17 cent.; larg. 12 cent.

314 — Oiseaux et leurs Petits.

Toile. Haut. 32 cent.; larg. 37 cent.

ÉCOLE FRANÇAISE

BERTHIER (Louis-Marie)

Né à Heilly en 1769, mort en...

315 — Trois Nymphes au bain.

Toile. Haut. 32 cent.; larg. 37 cent.

316 — Pendant du précédent.

Même mesure.

BRUANDET

On ignore la date de sa naissance. Mort en 1803.

317 — Paysage.

Toile. Haut. 50 cent.; larg. 1 mètre 22 cent.

BOISSET (Ch.)

318 — Intérieur d'auberge.

Bois. Haut. 56 cent.; larg. 47 cent.

CASANOVA (Jean-François)

Né à Londres ou à Venise en 1730, mort en 1805.

319 — Paysage et Animaux.

Cuivre. Haut. 47 cent.; larg. 1 mètre 32 cent.

CASANOVA (Jean-François)

Né à Venise ou à Londres en 1730, mort en 1805.

320 — Paysage.

Toile. Haut. 1 mètre 45 cent.; larg. 2 mètres 47 cent.

321 — Paysage et Animaux.

DATHAN (Grégoire)

322 — Deux personnages dans un même cadre.

Toile. Haut. 42 cent.; larg. 30 cent.

DEMARNE (J. Louis)

Né à Bruxelles en 1744, mort en 1829.

323 — Troupeaux à l'abreuvoir.

Toile. Haut. 40 cent.; larg. 32 cent.

324 — Paysage.

Bois. Haut. 40 cent.; larg. 45 cent.

FRAGONARD (J. H.)

Né à Grasse en 1732, mort en 1806.

325 — Bal champêtre.

Bois. Haut. 38 cent.; larg. 32 cent.

326 — Pendant du précédent.

Même mesure.

LANCRET (H.)

333 — Une Société dans un jardin.

Cuivre. Haut. 28 cent.; larg. 37 cent.

334 — Patineurs.

Même mesure.

335 — Une Dame dans un jardin.

Cuivre. Haut. 27 cent.; larg. 35 cent.

LARGILLIÈRE (Nicolas)

Né à Paris en 1656, mort en 1746.

336 — Portrait d'homme.

Toile. Haut. 2 mètres 40 cent.; larg. 1 mètre 10 cent.

MIGNARD

Né à Troyes en 1610, mort en 1695.

337 — Portrait de la princesse de Conti.

Cuivre. Haut. 46 cent.; larg. 37 cent

NORBLIN DE LA GOURDAINE

Né à Misy en 1746, mort en 1830.

338 — Jésus guérissant une femme.

Cuivre. Haut. 21 cent.; larg. 25 cent.

POUSSIN (Nicolas)

Né aux Andelys en 1594, mort en 1665.

339 — Copie du Parnasse de Raphaël.

Toile. Haut. 1 mètre 36 cent.; larg. 1 mètre 60 cent.

RAOUX (J.)

Né à Montpellier en 1667, mort en 1734.

340 — Une Femme lisant une lettre.

Toile. Haut. 1 mètre 70 cent.; larg. 1 mètre 45 cent.

ROBERT (Hubert)

Né à Paris en 1733, mort en 1808.

341 — Entrée d'un couvent.

Haut. 45 cent.; larg. 27 cent.

342 — Ruines.

Toile. Haut. 45 cent.; larg. 1 mètre 25 cent.

VERNET (Joseph)

Né à Avignon en 1714, mort en 1789.

343 — Naufrage.

Toile. Haut. 1 mètre 20 cent.; larg. 1 mètre 33 cent.

344 — Paysage. Effet de clair de lune.

Toile. Haut. 1 mètre 50 cent.; larg. 2 mètres 83 cent.

VERNET (Joseph)

345 — Bord de la mer. Effet de soleil levant.

Toile. Haut. 1 mètre 70 cent.; larg. 2 mètres 83 cent.

346 — Paysage.

Toile. Haut. 1 mètre 55 cent.; larg. 2 mètres 47 cent.

347 — Naufrage d'un vaisseau.

Toile. Haut. 41 cent.; larg. 48 cent.

348 — Paysage avec figures.

Haut. 40 cent.; larg. 26 cent.

349 — Pêcheurs au bord de la mer.

Toile. Haut. 1 mètre 53 cent.; larg. 2 mètres 47 cent.

350 — Tempête. Pendant du précédent.

Même mesure.

351 — Naufrage.

Toile. Haut. 1 mètre 39 cent.; larg. 1 mètre 72 cent.

VIVIÉ

352 — Paysage.

Toile. Haut. 1 mètre 35 cent.; larg. 1 mètre 62 cent.

353 — Paysage. Clair de lune. Pendant du précédent.

Même mesure.

ÉCOLE FRANÇAISE

354 — Portrait d'un jeune prince de la maison de Bourbon.

Il porte cuirasse.

Toile. Haut. 1 mètre 40 cent.; larg. 1 mètre 22 cent.

355 — Pastorale.

Toile. Haut. 25 cent.; larg. 34 cent.

356 — Portrait d'un jeune prince de la maison de Bourbon.

Toile. Haut. 1 mètre 23 cent.; larg. 50 cent.

INCONNUS

INCONNU

357 — Saint Joseph endormant l'Enfant Jésus.

Toile. Haut. 25 cent.; larg. 22 cent.

358 — Paysage.

Cuivre. Haut. 15 cent.; larg. 22 cent.

359 — Pendant du précédent.

Même mesure.

360 — Paysage.

Toile. Haut., 32 cent.; larg. 40 cent.

361 — Pendant du précedent.

362 — Combat de bêtes féroces.

Bois. Haut. 30 cent.; larg. 42 cent.

363 — Fruits.

Toile. Haut., 28 cent.; larg. 38 cent.

364 — Pendant du précédent.

Même mesure.

365 — Portrait de femme.

Bois. Haut., 36 cent.; larg. 47 cent.

INCONNU

366 — Paysage.

Toile. Haut. 51 cent.; larg. 1 mètre 25 cent.

367 — Pendant du précédent.

Même mesure.

368 — Paysage. Trois hommes assis devant une table.

Toile. Haut. 31 cent.; larg. 40 cent.

369 — Fruits.

Toile. Haut. 4 mètres 50 cent.; larg. 1 mètre 25 cent.

MOSAÏQUE

370 — Tête de Madone.

371 — Tête de saint Paul.

INCONNU

372 — Fleurs.

Toile. Haut. 1 mètre 25 cent ; larg. 50 cent.

373 — Fruits.

Bois. Haut. 1 mètre 42 cent.; larg. 1 mètre 25 cent.

374 — Gibier et Animaux de basse-cour.

Toile. Haut. 1 mètre 52 cent.; larg. 1 mètre 27 cent.

375 — Paysage et Animaux.

Toile. Haut. 3 mètres; larg. 2 mètres 10 cent.

376 — Pendant du précédent.

Même mesure.

INCONNU

377 — Portrait.

Toile. Haut. 32 cent.; larg. 40 cent.

378 — Animaux.

Bois Haut. 37 cent.; larg. 26 cent.

379 — Bouquet de fleurs.

Toile. Haut. 40 cent.; larg. 34 cent.

380 — Pendant du précédent.

Même mesure.

381 — Bouquet de fleurs.

Toile. Haut. cent.; larg. cent.

382 — Pendant du précédent.

Même mesure.

www.ingramcontent.com/pod-product-compliance
Ingram Content Group UK Ltd.
Pitfield, Milton Keynes, MK11 3LW, UK
UKHW021314190726
13839UKWH00007B/1353